Impressum
Verlag: BABADADA GmbH, Nedderfeld 112 , 22529 Hamburg
Geschäftsführer / Verlagsleitung: Harald Hof
Druck: Books on Demand GmbH, In de Tarpen 42, 22848 Norderstedt

Imprint
Publisher: BABADADA GmbH, Nedderfeld 112 , 22529 Hamburg, Germany
Managing Director / Publishing direction: Harald Hof
Print: Books on Demand GmbH, In de Tarpen 42, 22848 Norderstedt

duɗal
koulu

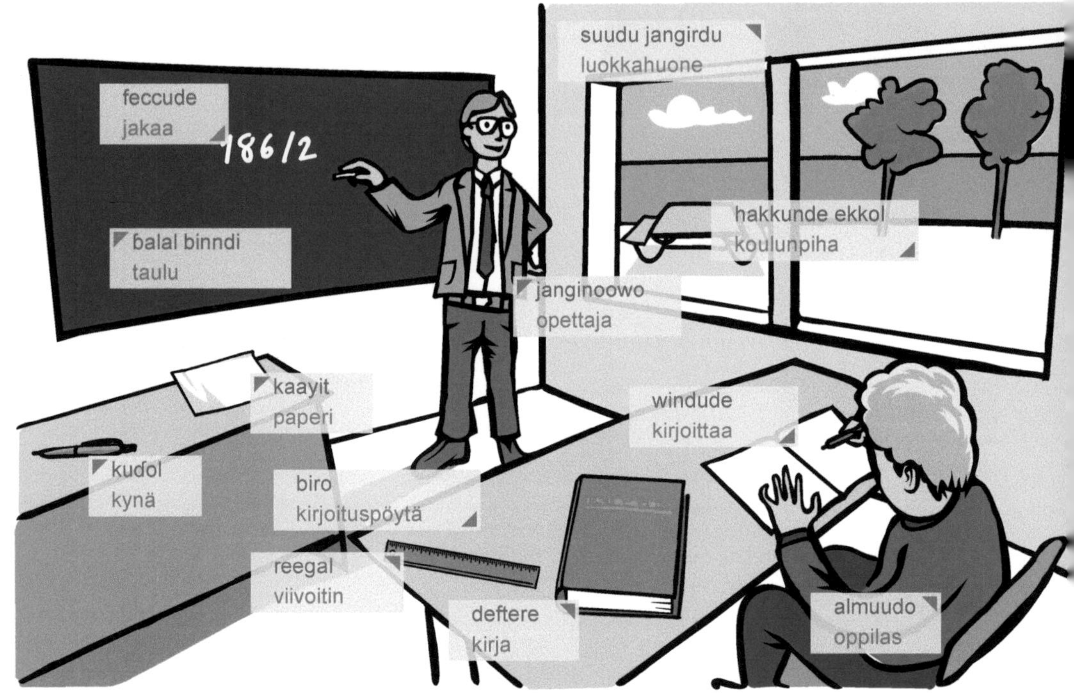

suudu jangirdu
luokkahuone
feccude
jakaa
186/2
ɓalal binndi
taulu
hakkunde ekkol
koulunpiha
janginoowo
opettaja
kaayit
paperi
windude
kirjoittaa
kuɗol
kynä
biro
kirjoituspöytä
reegal
viivoitin
deftere
kirja
almuudo
oppilas

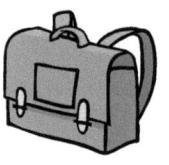

kartaabal

reppu

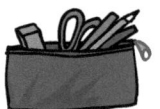

moftirdo kereyonji

penaali

kereyo

lyijykynä

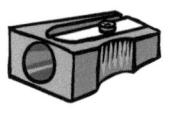

ceeɓnirgel kereyon

kynänteroitin

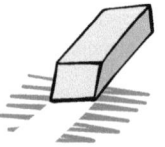

momtirgel

pyyhekumi

alluwal ciifirgal

piirustuslehtiö

ciifgol

piirustus

limsere pentirteeɗo

pensseli

suwo pentirɗo

vesivärit

sisooji

sakset

ɗakkorgal

liima

deftere ekkorgal

harjoituskirja

golle janŋde

kotitehtävä

niimara

luku

beydude

lisätä

ustude

vähentää

beydude keeweendi

kertoa

qimaade

laskea

bataake

kirjain

karfeeje

aakkoset

kongol

sana

bindol

teksti

jangude

lukea

bindirgal

liitu

darsu

oppitunti

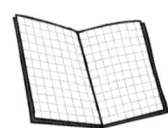

winditaade

opettajan muistikirja

egsame

koe

sartifika

todistus

comcol duɗal

koulupuku

janŋde

koulutus

ansikolopedi

sanakirja

duɗal jaaɓi haɗtirde

yliopisto

mikoroskop

mikroskooppi

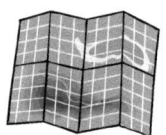

kartal

kartta

suwo kurjut

roskakori

otel
hotelli

obers
retkeilymaja

nokku beccugol e neldugol
rahanvaihto

waxannde
matkalaukku

oto
auto

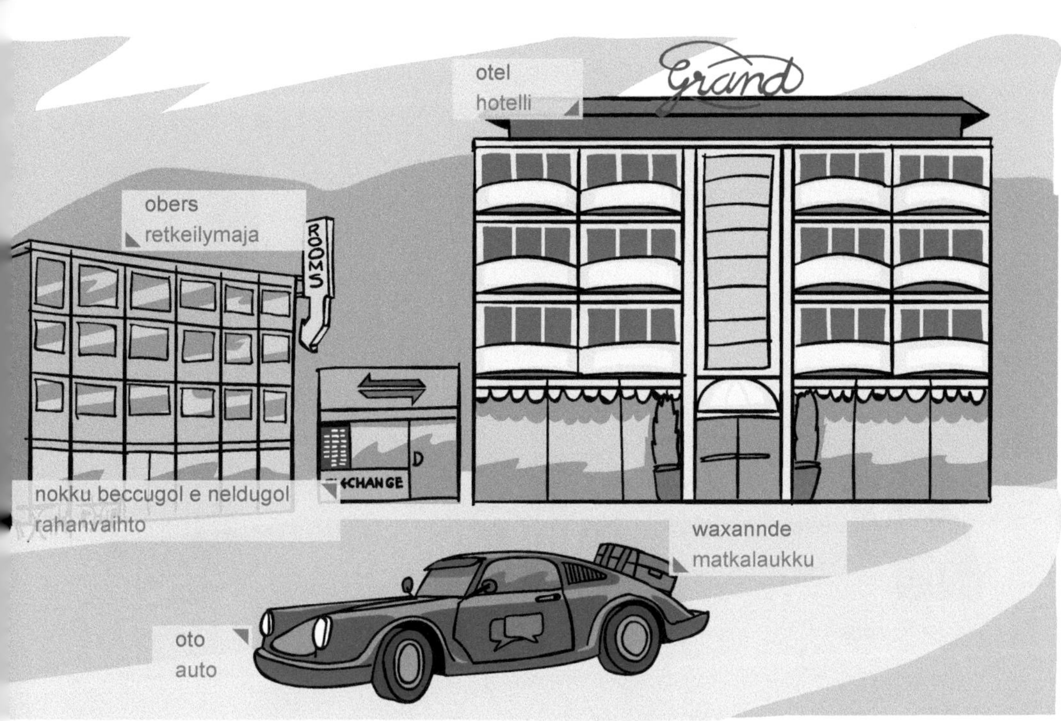

ɗemngal

kieli

Eey / ala

kyllä / ei

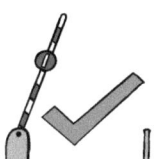

Moƴƴi

selvä

mbaɗɗa

hei

pirtoowo

tulkki

A jaraama

kiitos

no foti…?

Paljonko…maksaa?

Mi faamaani

en ymmärrä

hanmi

ongelma

Jam hiri!

Hyvää iltaa!

Jam waali!

Hyvää huomenta!

Mbaalen e jam!

Hyvää yötä!

ñande woɗnde

näkemiin

laawol

suunta

bagaas

matkatavarat

saawdu

laukku

saawdu wambateendu

reppu

koɗo

vieras

suudu

huone

njegenaaw

makuupussi

caalel ladde

teltta

kabaruuji tuurist

turisti-info

tufnde

ranta

kartal banke

luottokortti

kacitaari

aamupala

bottaari

lounas

hiraande

päivällinen

biye

matkalippu

suutde

hissi

tampon

postimerkki

keerol

raja

duwaan

tulli

ambasad

suurlähetystö

wiisa

viisumi

paaspoor

passi

taraspoor
kuljetus

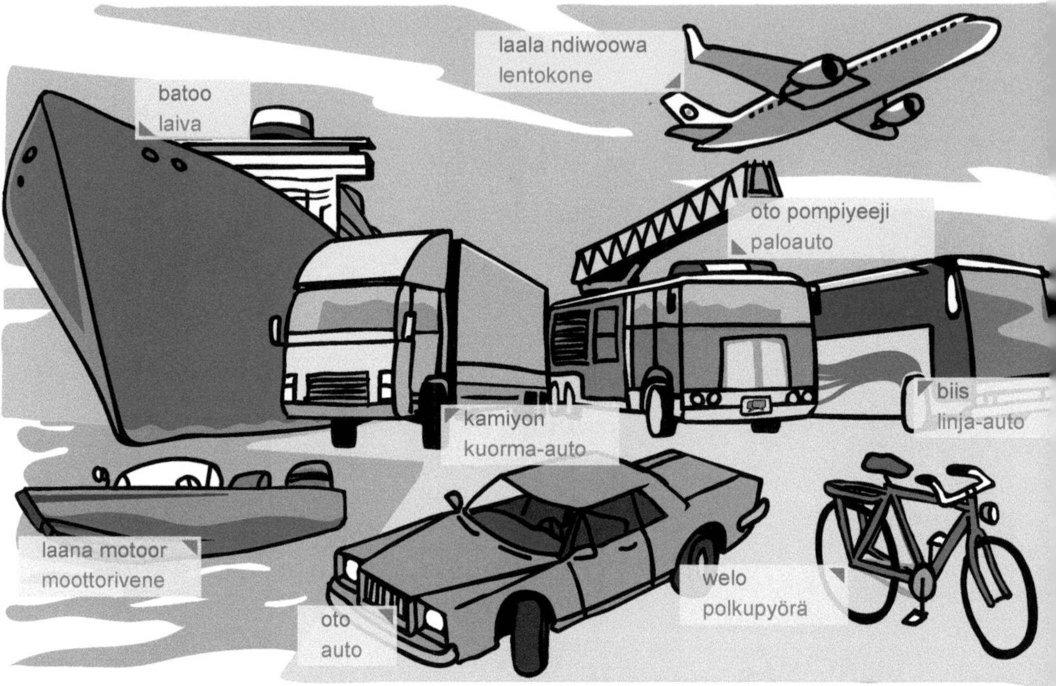

laala ndiwoowa
lentokone
batoo
laiva
oto pompiyeeji
paloauto
kamiyon
kuorma-auto
biis
linja-auto
laana motoor
moottorivene
welo
polkupyörä
oto
auto

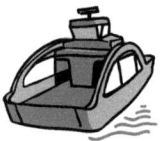

batoo

lautta

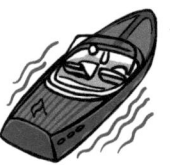

laana

vene

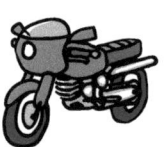

welo

moottoripyörä

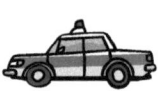

oto polis

poliisiauto

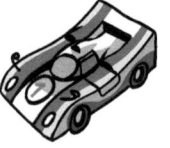

oto dogirteeɗo

kilpa-auto

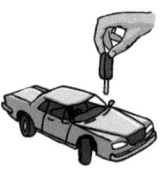

oto luwateeɗo

vuokra-auto

dendugol oto

car sharing

oto dandoowo goɗɗo

hinausauto

oto kurjut

roska-auto

motoor

moottori

karbiran

polttoaine

nokku esaans

huoltoasema

tintinooje yaangarta

liikennemerkki

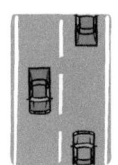

yaa ngarta

liikenne

jiibo yaa ngarta

ruuhka

dingiral otooji

parkkipaikka

dingiral laana leydi

rautatieasema

laaɓi

raiteet

laana leydi

juna

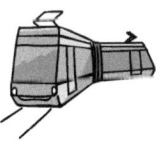

laana ndegoowa

raitiovaunu

saret

vaunu

elikopteer

helikopteri

ayrepoor

lentokenttä

tuur

lähilennonjohto

wonɓe e laana

matkustaja

konteneer

kontti

karton

pahvilaatikko

duñirgel kaake

kärryt

basket

kori

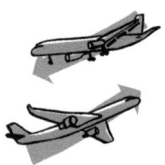

diwde / juuraade

nousta / laskea

wuro mowngu

kaupunki

wuro

kylä

hakkunde wuru wowngo

keskusta

galle

talo

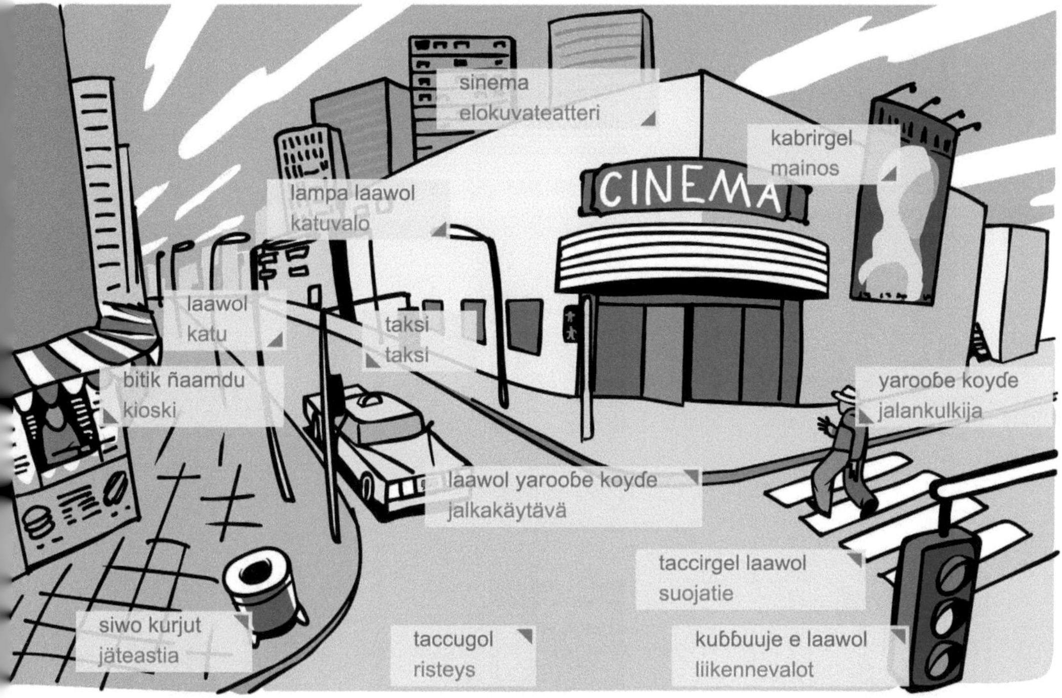

sinema
elokuvateatteri

kabrirgel
mainos

lampa laawol
katuvalo

laawol
katu

taksi
taksi

bitik ñaamdu
kioski

CINEMA

yaroobe koyɗe
jalankulkija

laawol yaroobe koyɗe
jalkakäytävä

taccirgel laawol
suojatie

siwo kurjut
jäteastia

taccugol
risteys

kuɓɓuuje e laawol
liikennevalot

tiba

mökki

ko foti

kerrostalo

dingiral laana leydi

rautatieasema

meerl

kaupungintalo

miise

museo

duɗal

koulu

duɗal jaaɓi haɗtirde

yliopisto

banke

pankki

suudu safirdu

sairaala

otel

hotelli

farmasi

apteekki

gollirgal

toimisto

suudu defte

kirjakauppa

bitik

liike

jeyoowo fuloraaji

kukkakauppa

sipermarse

supermarketti

jeere

tori

madase mawɗo

tavaratalo

jeyoowo liɗɗi

kalakauppias

nokku coodateeɗo

ostoskeskus

poor

satama

park

puisto

jooɗorgal

penkki

taccirgal

silta

ŋabbirɗe

portaat

laawol metero

metro

laawul les leydi

tunneli

fongo biis

linja-autopysäkki

baar

baari

restora

ravintola

buwaat postaal

postilaatikko

lewñowel laawol

katukyltti

to otooji ndaroto

parkkimittari

nokku kullon

eläintarha

pisin

uimala

jama

moskeija

ngesa

maatila

gakkingol hendu

ympäristön saastuminen

bammule

hautausmaa

egiliis

kirkko

dingiral

leikkikenttä

tampl

temppeli

yiyande taariinde

maisema

baramlefol
lehti

tugayal tintinirgal
tienviitta

laawol
tie

Huɗo sukkuko
niitty

haayre
kivi

ŋayloowo
retkeilijä

lekki
puu

maayo
joki

huɗo
ruoho

fuloor
kukka

nokku kaañe mawɗe to
ndiyam dogata
laakso

waande
vuori

weedu
järvi

ladde
metsä

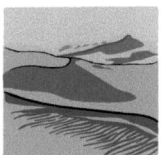

ladde yoornde
aavikko

wolkan
tulivuori

satoo
linna

timtimol
sateenkaari

sampiñon
sieni

leki palm
palmu

ɓowngu
hyttynen

diwde
kärpänen

njabala
muurahainen

mbuubu ñaak
mehiläinen

njabala
hämähäkki

hoowoyre keppoore

kovakuoriainen

faabru

sammakko

doomburu ladde

orava

sammunde

siili

fowru

jänis

pubbuɓal

pöllö

colel

lintu

kakeleewal ladde

joutsen

mbabba tugal

villisika

lella

peura

Nagge nde gallaɗi cate

hirvi

baraas

pato

masiŋel battowel hendu jeynge

tuulimylly

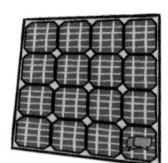

Lowowel nguleeki

aurinkopaneeli

kilima

ilmasto

restora
ravintola

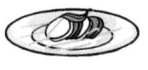

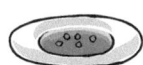

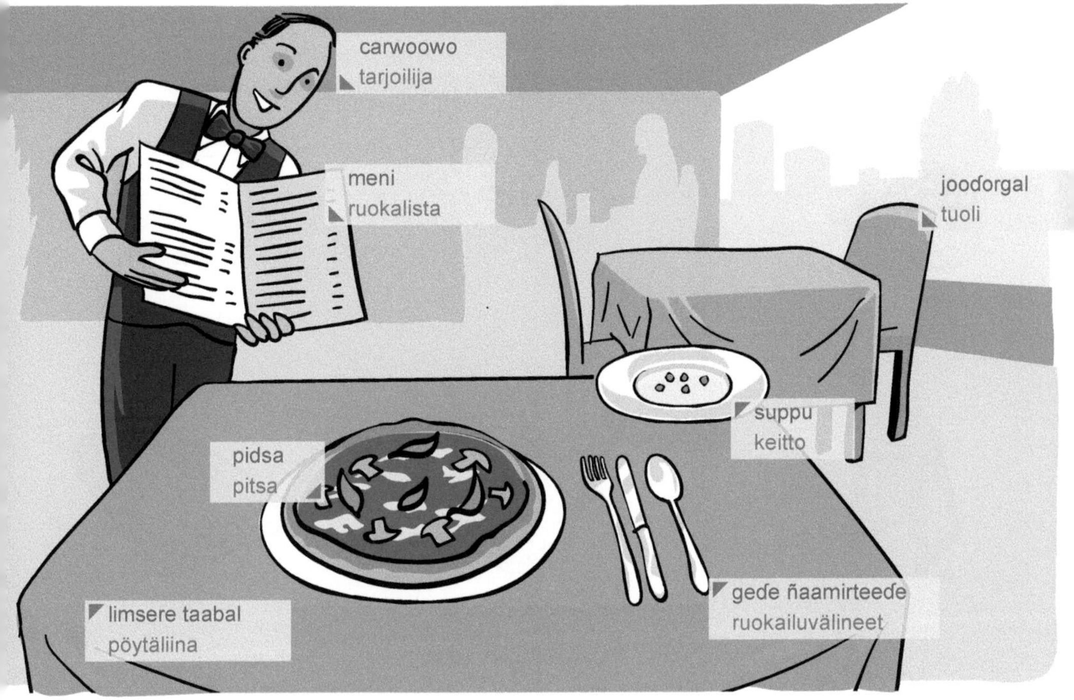
carwoowo
tarjoilija
meni
ruokalista
jooɗorgal
tuoli
suppu
keitto
pidsa
pitsa
limsere taabal
pöytäliina
geɗe ñaamirteeɗe
ruokailuvälineet

tongitirgel

alkuruoka

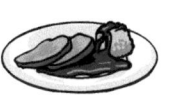

ñaamdu nguraandi

pääruoka

tuftorogol

jälkiruoka

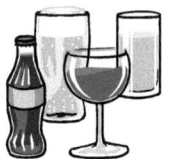

njaram

juomat

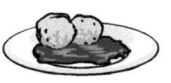

ñaamdu

ruoka

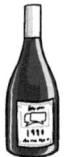

butel

pullo

fast fud

pikaruoka

ñaamdu laawol

katuruoka

baraade

teekannu

cupayel suukara

sokeriastia

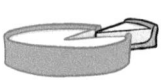

geɗel

annos

Masinŋ kafe

espressokeitin

jooɗorgal toowngal

syöttötuoli

biye

lasku

ñorgo

tarjotin

paaka

veitsi

furset

haarukka

kuddu

lusikka

nokkere kuddu

teelusikka

sarbet

servietti

weer

lasi

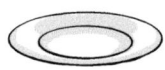

palaat

lautanen

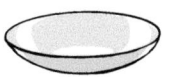

palaat suppu

syvä lautanen

cupayel

aluslautanen

soos

kastike

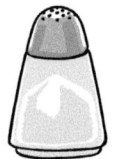

pot lamđam

suolasirotin

moññirgal poobar

pippurimylly

bineegara

etikka

nebam

öljy

kaađnooje

mausteet

ketsap

ketsuppi

muttard

sinappi

mayonees

majoneesi

sipermarse
supermarketti

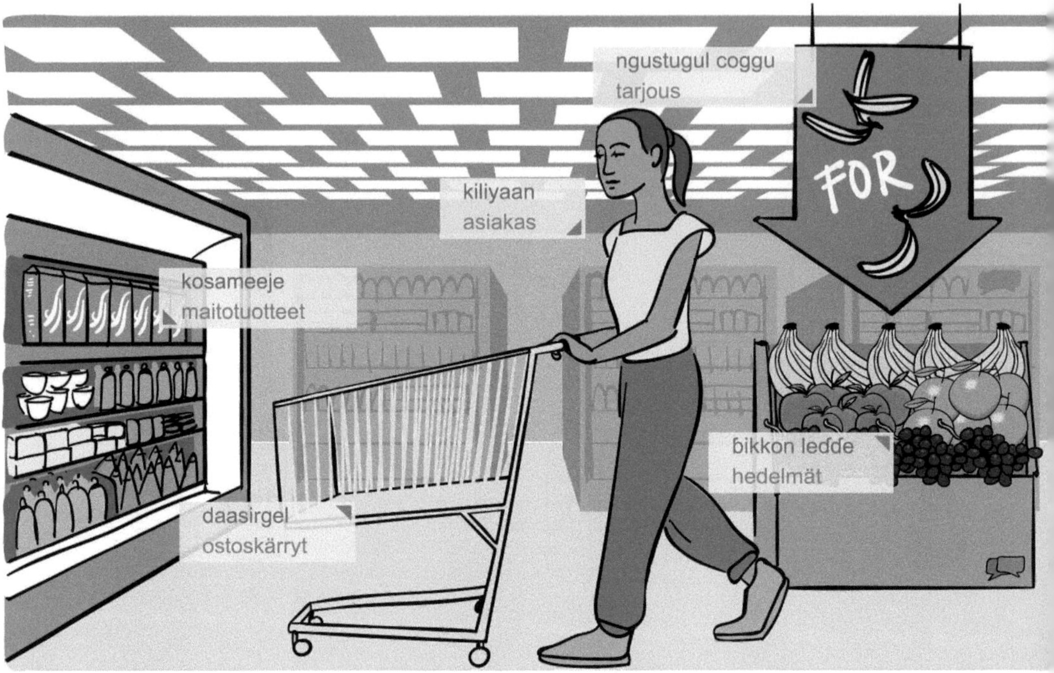

ngustugul coggu
tarjous

kiliyaan
asiakas

kosameeje
maitotuotteet

ɓikkon leɗɗe
hedelmät

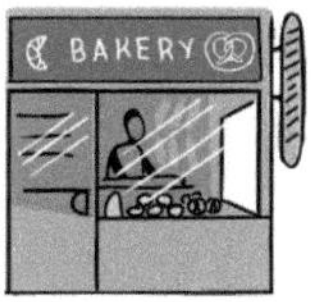

daasirgel
ostoskärryt

jeyoowo teew nagge	juɗoowo mburu	ɓetde
teurastamo	leipomo	punnita
	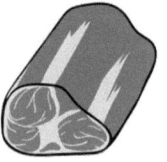	
lijim	teew	ñaamdu ɓumnaandu
kasvikset	liha	pakasteet

teew moftaaɗo

leikkele

ñaamdu nder buwat

säilykkeet

condi lawyirteendu

pesujauhe

bonboonji

makeiset

geɗe ngurdaaɗe

kotitaloustarvikkeet

porodiwiiji laaɓnirni

puhdistusaineet

julaaajo

myyjä

haa

kassa

kestotooɗo

kassanhoitaja

limto coodateeɗi

ostoslista

waktuuji golle

aukioloajat

kalbe

lompakko

kartal banke

luottokortti

saak

kassi

saak dalli

muovipussi

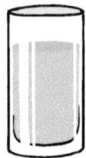

ndiyam

vesi

njaram

mehu

kosam

maito

yûlmere

kokis

sangara

viini

sangara

olut

sangara

alkoholi

kakao

kaakao

ataaya

tee

kafe

kahvi

kafe jon jooni

espresso

kafe italinaaɓe

cappuccino

banaana

banaani

pom

omena

oraas

appelsiini

dende

meloni

limonŋ

sitruuna

karot

porkkana

laay

valkosipuli

lekki bambu

bambu

basalle

sipuli

sampiñon

slenl

gerte

pähkinät

espageti

spagetti

espageti

spagetti

maaro

riisi

salaat

salaatti

firit

ranskalaiset

faatat cahaaɗo

paistetut perunat

pidsa

pitsa

amburgeer

hampurilainen

sandiwis

voileipä

buhal baddangal e lijim

leike

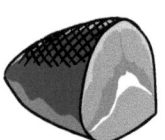

buhal teew

kinkku

kaane biyeteeɗo sosison

salami

sosis

makkara

gertogal

kana

defaɗum

paisti

liingu

kala

ndefu gabbe kuwakeer

kaurahiutaleet

njilɓundi aɓuwaan e gabbe goɗɗe

mysli

kornfelek

murot

farin

jauho

kurwasa

voisarvi

pe o le

sämpylä

mburu

leipä

mburu juɗaaɗo

paahtoleipä

mbiskit

keksit

nebam boor

voi

kosam kaaɗɗam

rahka

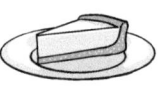

gato

kakku

ɓoccoonde

kananmuna

moccoonde fasnaande

paistettu kananmuna

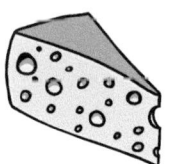

foromaas

juusto

kerem galaas

jäätelö

suukara

sokeri

njuumri

hunaja

teew nagge

hillo

nirkugol sokkola

suklaapähkinälevite

suppu kaane

curry

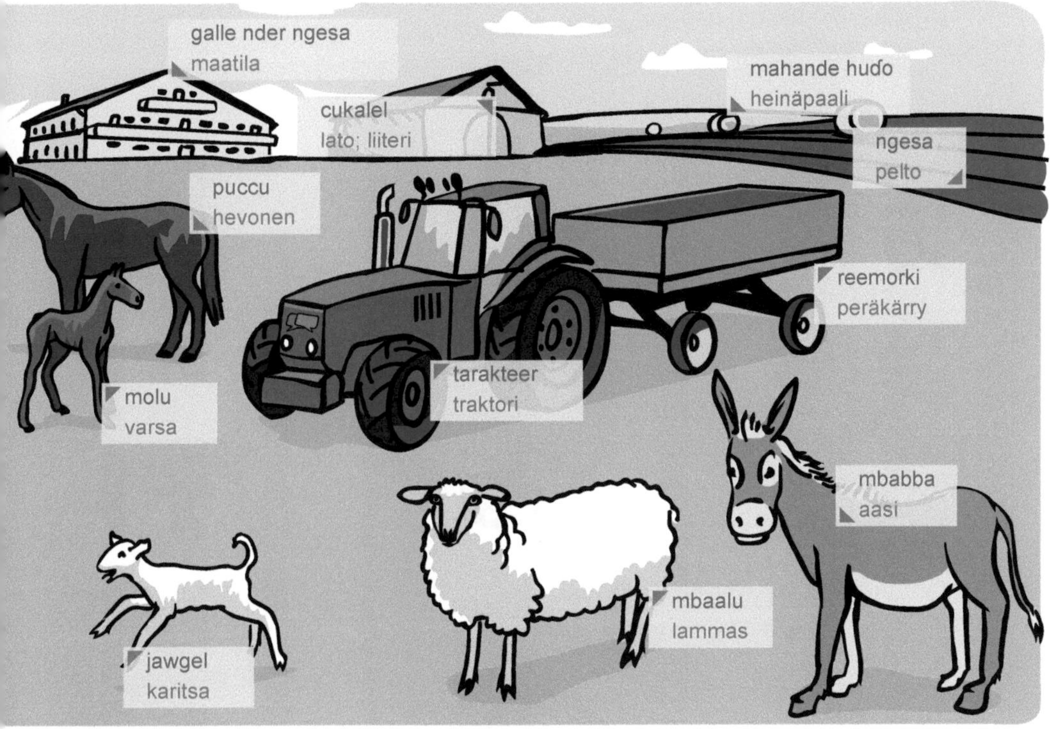

galle nder ngesa
maatila

mahande huɗo
heinäpaali

cukalel
lato; liiteri

ngesa
pelto

puccu
hevonen

reemorki
peräkärry

molu
varsa

tarakteer
traktori

mbabba
aasi

jawgel
karitsa

mbaalu
lammas

ndamdi
....
vuohi

nagge
....
lehmä

mbeewa
....
vasikka

mbabba tugal
....
sika

ɓingel mbabba tugal
....
porsas

ngaari ladde
....
sonni

jarlal ladde

hanhi

gerlal

ankka

cofel

tipu

jarlal

kana

ngori

kukko

doomburu

rotta

ullundu

kissa

doomburu

hiiri

nagge

härkä

rawaandu

koira

nokku dawaaɗi

koirankoppi

tiwo sardin

puutarhaletku

doosirgal

kastelukannu

wofdu mawndu

viikate

masinŋ demoowo

aura

wofdu
sirppi

coppirgal
kuokka

rato
talikko

hakkunde
kirves

buruwet
kottikärryt

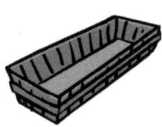

mbalka
kaukalo

kosam buwat
maitokannu

saak
säkki

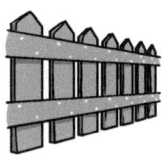

kalasal galle
aita

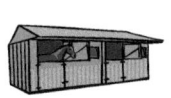

nokku pucci
talli

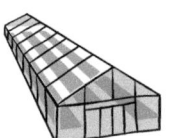

inexistant
kasvihuone

leydi
maa

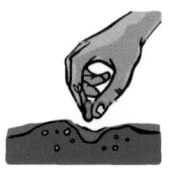

abbere
siemen

nguurtinooje leydi
lannoite

masinŋ coñirteeɗo
leikkuupuimuri

soñde

kerätä sato

soñde

sato

ñambi

jamssit

bele

vehnä

soja

soija

faatat

peruna

maka

maissi

abbere lekki kolsa

rypsi

lekki firwiiji

hedelmäpuu

ñambi

maniokki

sereyaal

vilja

galle

talo

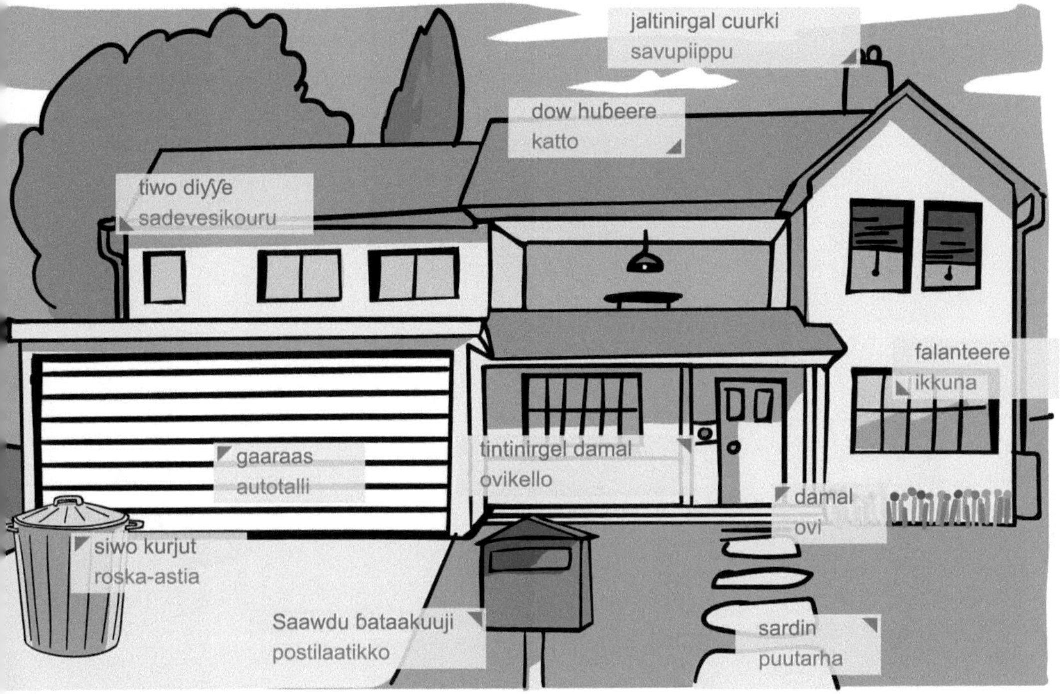
jaltinirgal cuurki
savupiippu
dow huɓeere
katto
tiwo diyƴe
sadevesikouru
falanteere
ikkuna
gaaraas
autotalli
tintinirgel damal
ovikello
damal
ovi
siwo kurjut
roska-astia
Saawdu bataakuuji
postilaatikko
sardin
puutarha

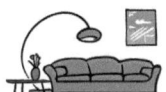

suudu yeewtere

olohuone

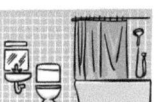

tarodde

kylpyhuone

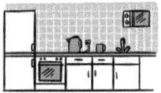

waañ

keittiö

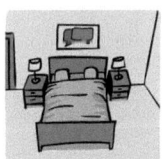

suudu waalduru

makuuhuone

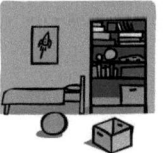

suudu sakaaɓe

lastenhuone

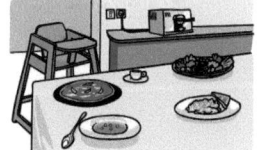

suudu hiraande

ruokahuone

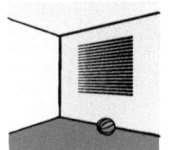

karawal

lattia

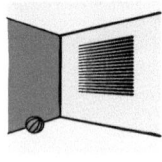

balal

seinä

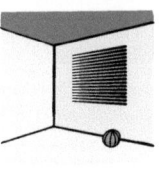

asamaan suudu

katto

faawru

kellari

soona e ɗemngal farase

sauna

balko

parveke

teeraas

terassi

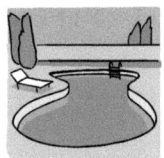

pisin

uima-allas

keefoowo huɗo

ruohonleikkuri

darap

lakana

darap

päiväpeitto

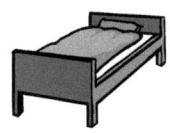

leeso

sänky

pittirgal

harja

suwo

ämpäri

ñifirgel

katkaisin

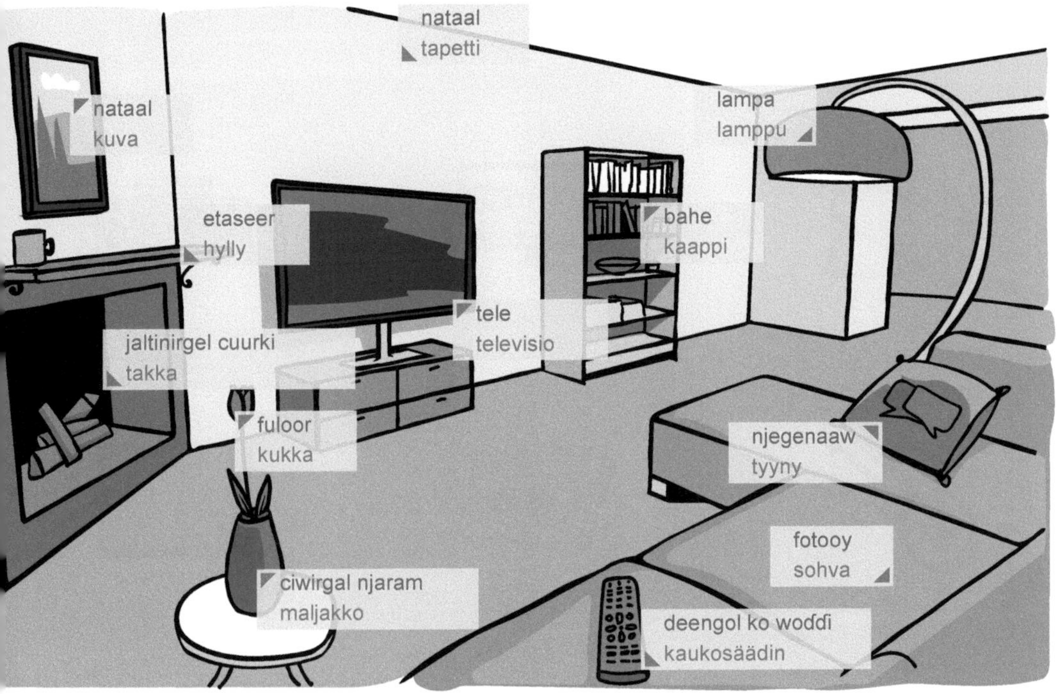

nataal
tapetti

nataal
kuva

lampa
lamppu

etaseer
hylly

bahe
kaappi

jaltinirgel cuurki
takka

tele
televisio

fuloor
kukka

njegenaaw
tyyny

fotooy
sohva

ciwirgal njaram
maljakko

deengol ko woɗɗi
kaukosäädin

tappi
matto

rido
verho

taabal
pöytä

jooɗorgal
tuoli

jooɗorgal timmungal
keinutuoli

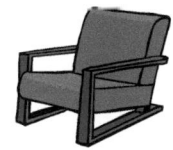

jooɗorgal tuggateengal
nojatuoli

deftere

kirja

cuddirgal

peitto

jooɗnugol

koriste

leɗɗe kuɓɓateeɗe

polttopuut

filmo

elokuva

materiyel hi-fi

stereot

coktirgal

avain

kaayit kabaruuji

sanomalehti

pentirgol

maalaus

posteer

juliste

rajo

radio

teskorgel

muistivihko

boɗowel pusiyeer

pölynimuri

kaktis

kaktus

sondel

kynttilä

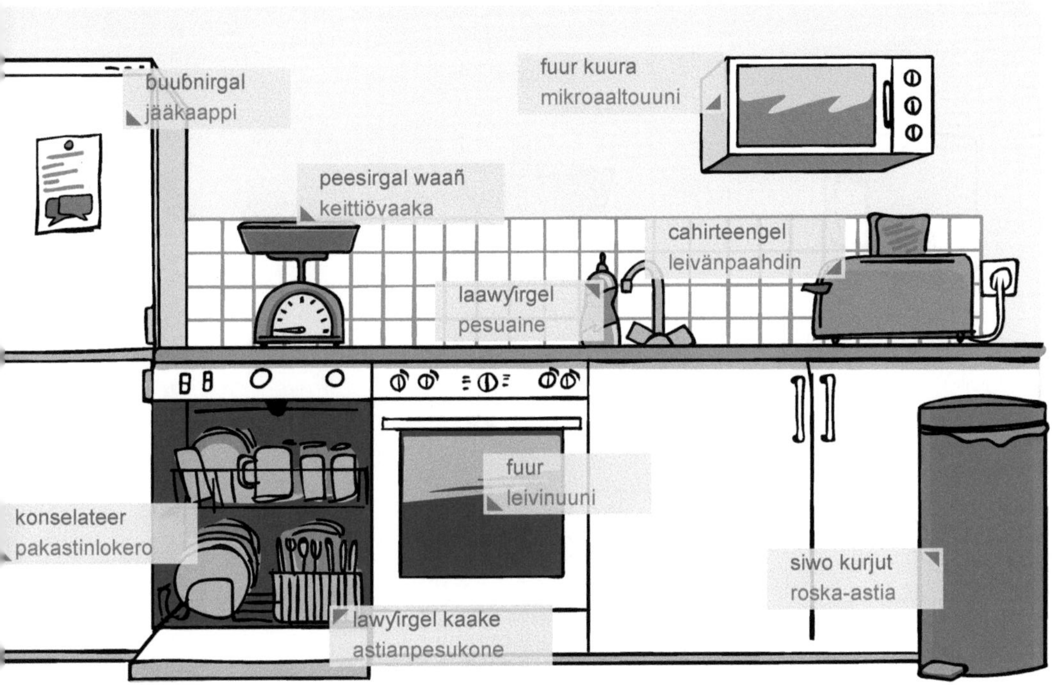

buubnirgal
jääkaappi

fuur kuura
mikroaaltouuni

peesirgal waañ
keittiövaaka

cahirteengel
leivänpaahdin

laawyïrgel
pesuaine

fuur
leivinuuni

konselateer
pakastinlokero

siwo kurjut
roska-astia

lawyïrgel kaake
astianpesukone

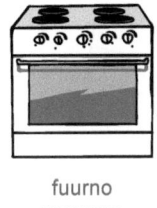

fuurno

liesi

pot

kattila

barme

rautapata

kasorol

okkipannu / kadai-pannu

kasorol

paistinpannu

satalla

teepannu

suppere defirteende

höyrykeitin

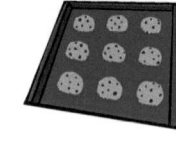

pool defirteeɗo

uunipelti

lawyũgol kaake

astiat

pot jarduɗo

muki

suppeere

kulho

ñibirgon ñaamdu

syömäpuikot

kuddu luus

kauha

kayit ɗakirteeɗo

paistinlasta

iirtude

vispilä

ceɗirgel

siivilä

tame

siivilä

keefirgel

raastin

moññirgal

mortteli

juɗgol

grilli

jeyngol e henndu

avotuli

coppirgal

leikkuulauta

degnirgel ñaamdu
feewnateendu

kaulin

udditirgel butel

korkinavaaja

buwaat

purkki

udditirgel buwat

purkinavaaja

nangirgel pot

pannulappu

siimtude

lavuaari

boros

tiskiharja

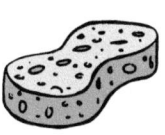

eppoos

pesusieni

jiibirgel

tehosekoitin

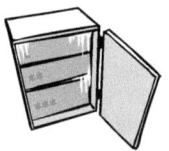

battowel galaas

pakastin

jardugel tiggu

tuttipullo

robine

vesihana

tarodde
kylpyhuone

gulnirgel suudo
lämmitys
lootogol
suihku
momtirgel
pyyhe
birnirgel lootorgal
suihkuverho
lootogol e ngufu
vaahtokylpy
ngaska buftorteengo
kylpyamme
weer
lasi
masinŋ lootnoowo
pesukone
robine
vesihana
kette senge
kaakelit
potsamburu
potta
siimtude
lavuaari

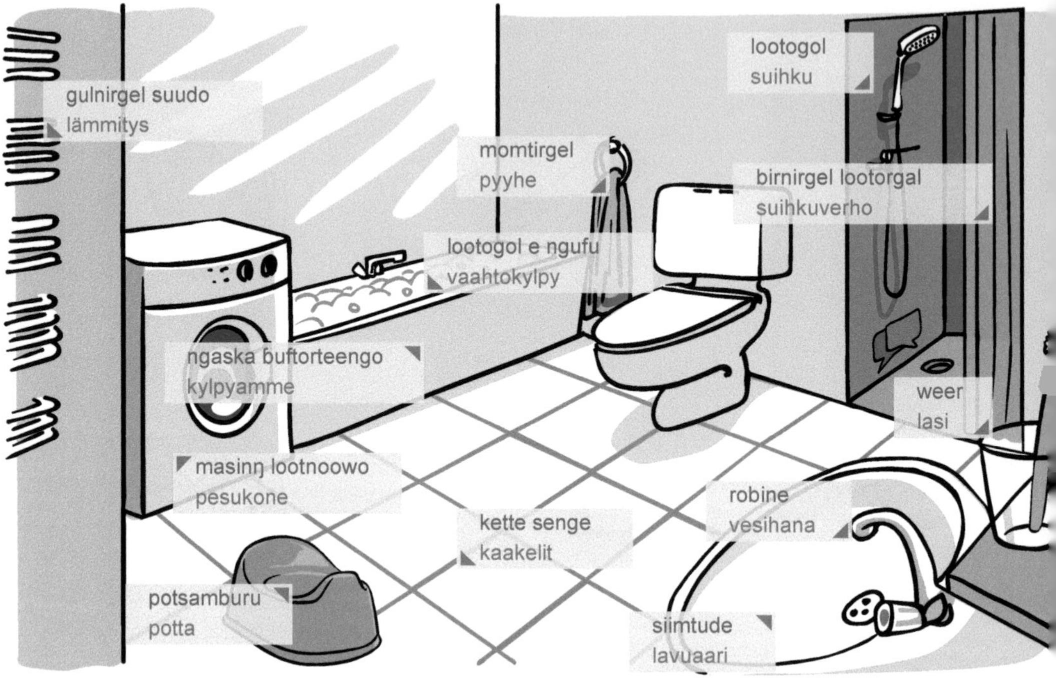

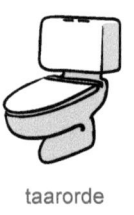

taarorde

vessa

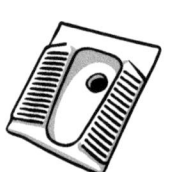

joɗorgal kuwirteengal

kyykkyvessa

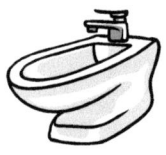

biisirgel ndiyam

bidee

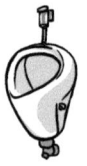

taarodde

pisuaari

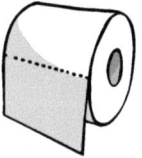

kaayit momtirɗo

vessapaperi

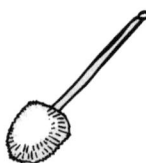

boros taarorde

vessaharja

coccorgal ƴiiye

hammasharja

sabunde ƴiiye

hammastahna

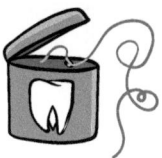

gaarowol ñiire

hammaslanka

lawƴude

pestä

ɓoggol lootirteengol

käsisuihku

ɓuftogol

intiimisuihku

loowirteengel

pesuvati

demirgel huɗo

selkäharja

sabunnde

saippua

saabunde ɓuftorteende

suihkugeeli

sampoye

shampoo

limsere wiro

pesulappu

ciiygol

viemäri

kerem

voide

uurnirgel

deodorantti

daandorgal

peili

daandorgal pamoral

käsipeili

pembirgel

partaveitsi

ngufu pembol

partavaahto

moomiteengel pembol

partavesi

yeesoode

kampa

boros

harja

joornirgel sukunndu

hiustenkuivaaja

peewnirgel sukunndu

hiuslakka

makiyaas

meikki

joodirgel toni

huulipuna

momtirgel cegeneeji

kynsilakka

garowol wiro

pumpuli

siso cegeneeji

kynsisakset

parfon

hajuvesi

waxande lootorgal

kosmetiikkalaukku

kuudi

jakkara

peesirgal

vaaka

wutte cuftorteeɗo

kylpytakki

gaŋuuji dalli

kumihansikkaat

momtirer ƴiiƴam ella

tamponi

kuus tiggu

terveysside

lootogol simik

kemiallinen wc

suudu sakaaɓe

lastenhuone

pindinirgel
herätyskello
kullel fijirde
pehmolelu
oto pijirgel
leikkiauto
dillere
helistin
galle pijirgel
nukkekoti
hannde
lahja

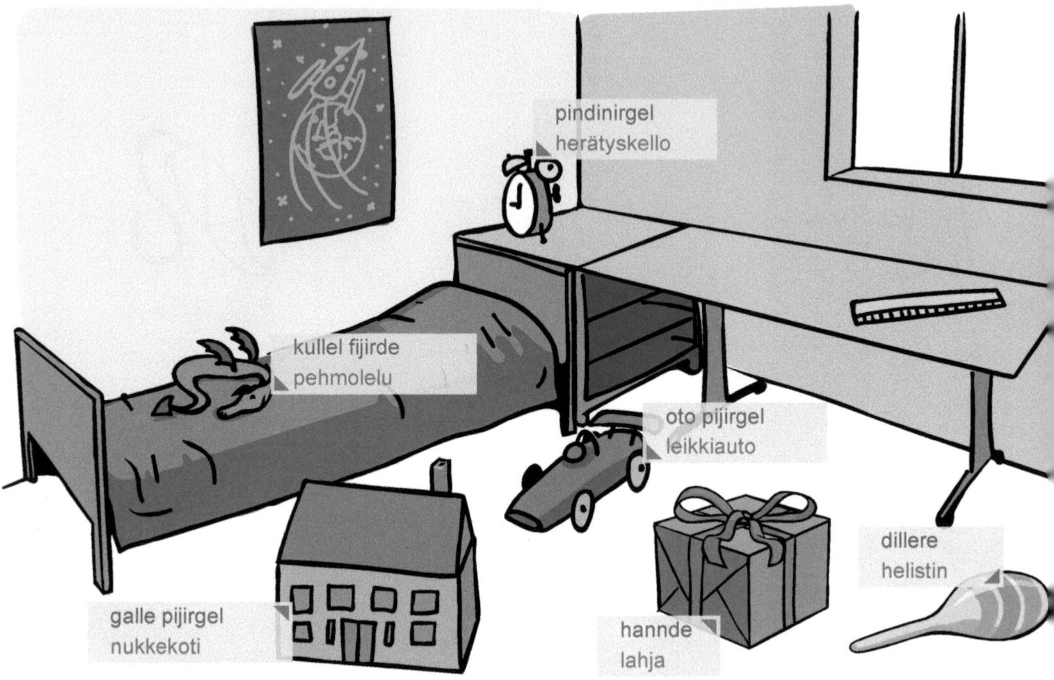

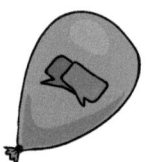

sumalle dalli

ilmapallo

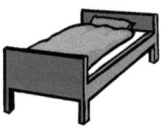

leeso

sänky

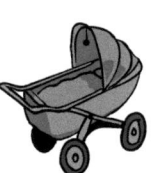

duñirgel tiggu

lastenvaunut

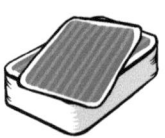

nokkere karte

korttipeli

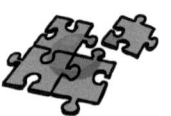

fijirde lombondirgol

palapeli

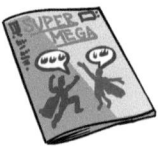

njalniika

sarjakuva

pijirgel tuufeeje

legopalikat

tuufeeje

rakennuspalikat

pijirgel

supersankari

comcol tiggu

potkupuku

palaat diwwoow

frisbee

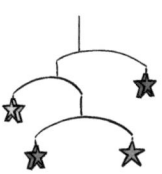

noddirgel

mobile

pijirgel

lautapeli

dee

noppa

ñemtinirgel laana ndegoowa

pienoisjunarata

nedɗo fuuunti

tutti

fijirde

juhlat

deftere nate

kuvakirja

bal

pallo

puppe

nukke

fijde

leikkiä

mbalka ceenal

hiekkalaatikko

beeltirgal

keinu

pijirgel

lelut

pijiteengel see widewo

pelikonsoli

welo biifi tati

kolmipyörä

pijirgel kullel urs

nalle

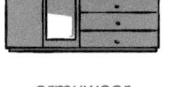

armuwaar

vaatekaappi

comcol

vaatteet

kawase

sukat

kawase

nylonsukat

tuubayon bittukon

sukkahousut

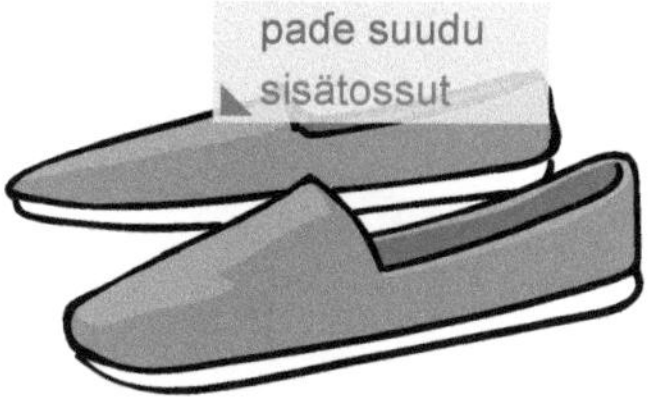

musuuro
kaulaliina

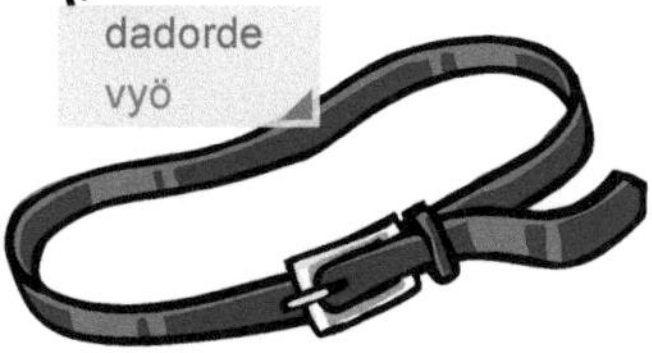

dadorde
vyö

paraseewal
sateenvarjo

tiset
t-paita

pade bokkateede
lenkkarit

pade toowde
saappaat

pade suudu
sisätossut

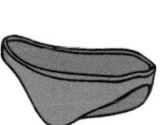

pade diwa

sandaalit

pade

kengät

padde toowde lirotoode

kumisaappaat

cakkirdi

alushousut

sucengors

rintaliivit

silet

aluspaita

banndu

body

tuuba

housut

jiin

farkut

robbo

hame

buluson

pusero

simis

paita

piliweer

villapaita

weste nebbu

collegepaita

layset

jakku

jaget

takki

weste juuɗɗo

takki

wutte toɓo

sadetakki

kostim

puku

robbo

mekko

robbo yange

hääpuku

weste
puku

wutte baalduɗo
yöpaita

pijama
pyjama

sari
shari

muusooro
päähuivi

kaala
turbaani

kaala
burka

sabndoor
kaftaani

abbaay
abaya

comcol lumbirogol
uimapuku

cakkirɗi
uimahousut

kilot
shortsit

joogin
verkkarit

limsere deffowo
esiliina

gaŋuuji
käsineet

boɗɗirgel

nappi

lone

silmälasit

jawo

rannekoru

cakka

kaulakoru

feggere

sormus

hootonde

korvakoru

laafa

lippalakki

liggirgal weste

ripustin

laafa

hattu

karawat

solmio

zip

vetoketju

laafa ndeenka

kypärä

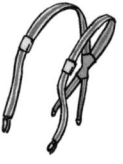

ganŋ

henkselit

comcol duɗal

koulupuku

iniform

univormu

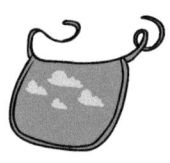

sarbetel daande

ruokalappu

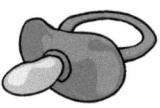

neɗɗo fuuunti

tutti

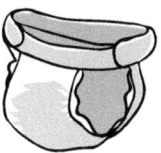

kuus

vaippa

gollirgal
toimisto

serveer
palvelin
baxane doodiyeeji
asiakirjakaappi
kaayit
paperi
jaltinirgel kaayit
tulostin
ekaran
näyttö
biro
kirjoituspöytä
suuri
hiiri
caawiirgel doosiyeeji
kansio
tappirde
näppäimistö
joodorgal
tuoli
suwo kurjut
roskakori
ordinateer
tietokone

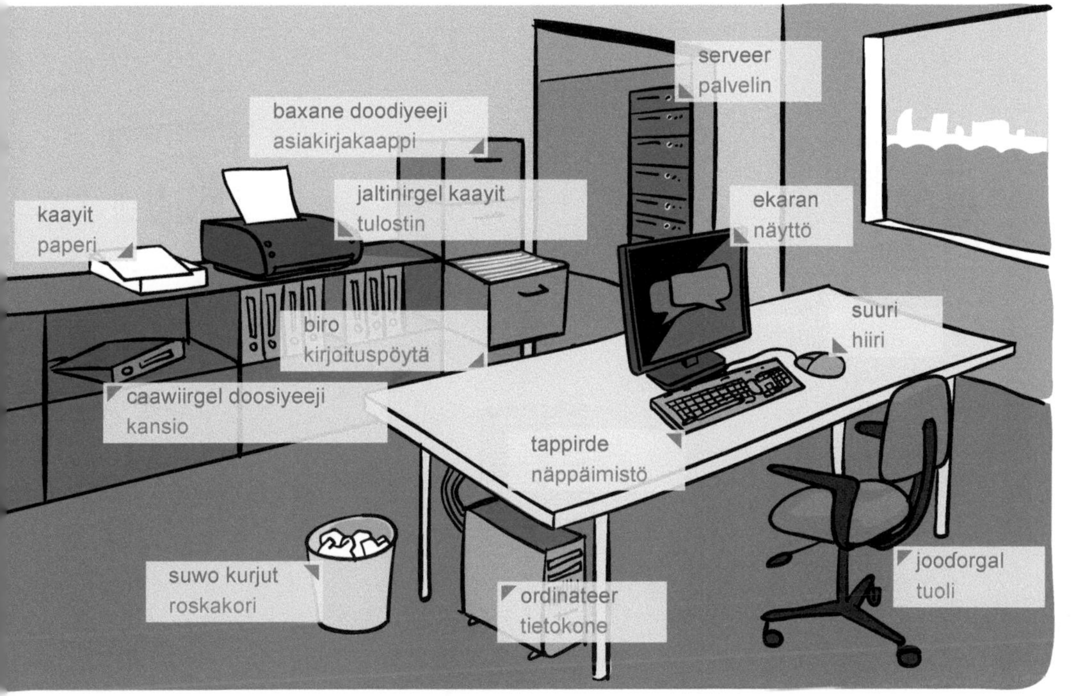

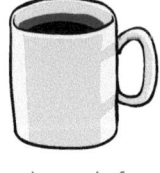

kuppu kafe

kahvimuki

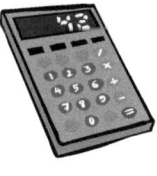

qiimorgal

taskulaskin

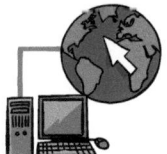

enternet

internet

ordinateer beelnateeɗo

kannettava tietokone

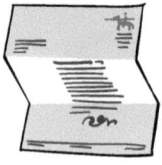

bataake

kirje

bataake

viesti

noddirgel

kännykkä

reso

verkko

cottitirgel

kopiokone

losisiyel

ohjelmisto

noddirgel

puhelin

ceŋirgel ɓoggol kuura

pistorasia

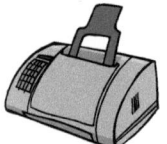

masinŋ faks

faksi

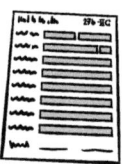

mbaadi

lomake

dokiman

asiakirja

soodde

ostaa

soodde

maksaa

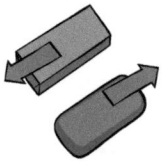

yeyde

vaihtaa

kaalis

raha

USD

dolaar

dollari

EUR

eroo

euro

JPY

yen

jeni

RUB

ruubal

rupla

CHF

faran Siwis

frangi

CNY

yuwaan renminbi

renminbi juan

INR

rupii

rupia

masinŋ keestorɗo kaalis

pankkiautomaatti

nokku beccugol e neldugol

rahanvaihto

kanŋe

kulta

kaalis

hopea

esaans

öljy

sembe

energia

coggu

hinta

kontara

sopimus

taks

vero

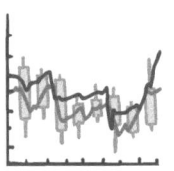

marsandiss moftaaɗo

osake

gollude

työskennellä

gollinteeɗo

työntekijä

gollinoowo

työnantaja

isin

tehdas

bitik

liike

haajuuji
ammatit

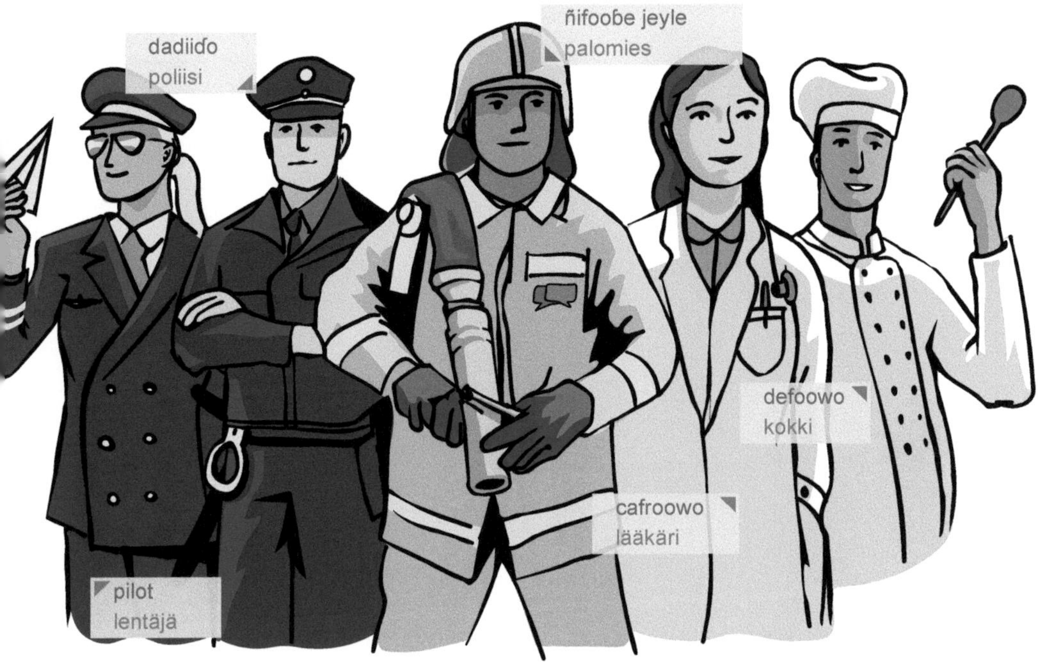

dadiiɗo
poliisi
ñifooɓe jeyle
palomies
defoowo
kokki
cafroowo
lääkäri
pilot
lentäjä

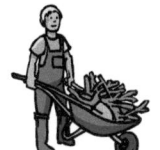

toppitiiɗo sardin
puutarhuri

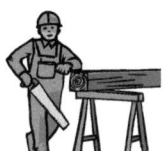

minise
puuseppä

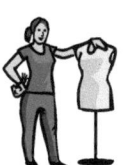

ñootoowo
ompelija

ñaawoowo
tuomari

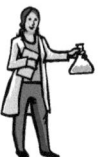

simist e ɗemngal farayse
kemisti

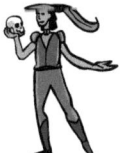

aktoor
näyttelijä

dognoowo biis

linja-autonkuljettaja

dognoowo taksi

taksinkuljettaja

gawoowo

kalastaja

pittoowo

siivooja

cengirɗe huɓeere

katontekijä

carwoowo

tarjoilija

daddoowo

metsästäjä

pentiroowo

maalari

piyoowo mburu

leipuri

gollowo kuura

sähköasentaja

mahoowo

rakentaja

enseñeer

insinööri

jeyoowo teew keso

teurastaja

polombiyer

putkiasentaja

nawoowo ɓatakuuji

postinjakaja

kooninke

sotilas

diidoowo ɓahanteeri

arkkitehti

kestotooɗo

kassanhoitaja

jeyoowo fuloraaji

floristi

mooroowo

kampaaja

dognoowo

konduktööri

mekanisiyenŋ

mekaanikko

kapiteen

kapteeni

cafroowo ƴiiƴe

hammaslääkäri

miijotooɗo

tiedemies

kellifaaɗo diine to israayel

rabbi

imaam

imaami

muwaan e e ɗemngal
farayse

munkki

kellifaaɗo diine heerereeɓe

pappi

kuutorɗe
työkalut

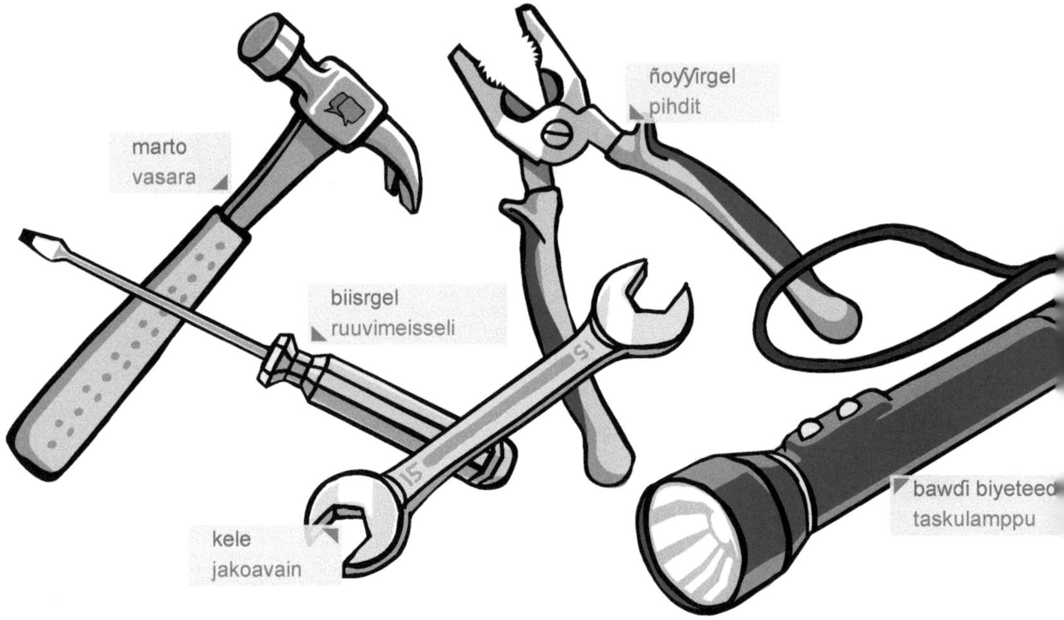
marto
vasara
ñoyƴirgel
pihdit
biisrgel
ruuvimeisseli
kele
jakoavain
bawɗi biyeteeɗ
taskulamppu

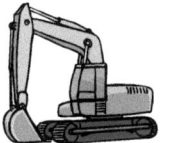

pikku

kaivinkone

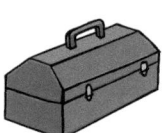

baxanel kaɓorɗe

työkalupakki

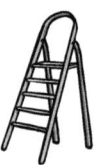

ŋabbirgal

tikkaat

taƴirgal

saha

ƴiɓirɗe

naulat

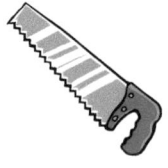

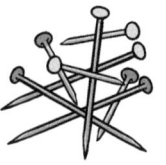

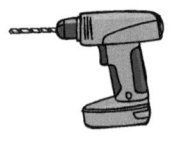

julirgal

pora

fewnitde

korjata

nokkirgel

lapio

Soo!

Hitto!

boftirgel kurjut

rikkalapio

pot penttiir

maalipurkki

wiisuuji

ruuvit

kongirgon misik
soittimet

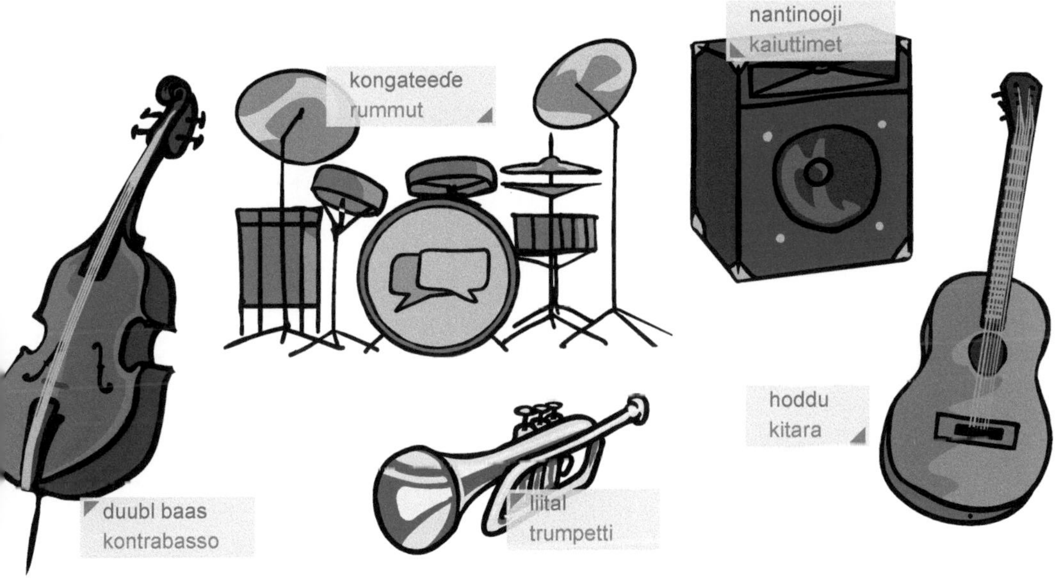

nantinooji
kaiuttimet

kongateeđe
rummut

hoddu
kitara

duubl baas
kontrabasso

liital
trumpetti

piayaano

piano

wiyolon

viulu

baas

basso

bowɗi biyeteeɗi timpani

patarummut

bawɗi

rumpu

tappirgal

kosketinsoitin

saksofoon

saksofoni

nguurdu

huilu

mikoro

mikrofoni

nokku kullon
eläintarha

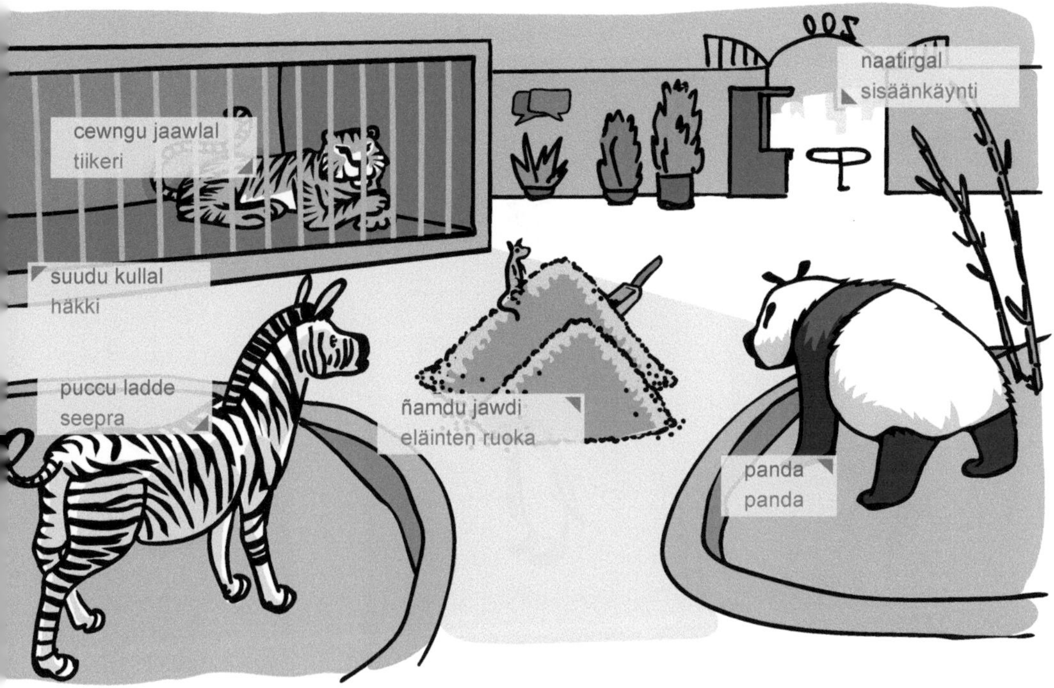

cewngu jaawlal
tiikeri
naatirgal
sisäänkäynti
suudu kullal
häkki
puccu ladde
seepra
ñamdu jawdi
eläinten ruoka
panda
panda

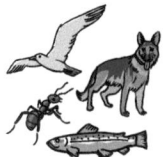

kulle
eläimet

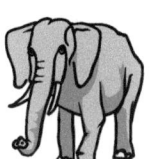

ñiiwa
norsu

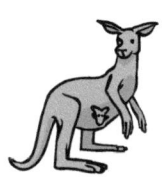

kanguru
kenguru

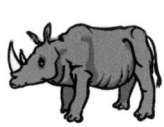

rinoseros
sarvikuono

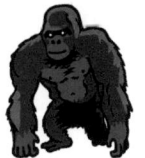

waandu mowndu
gorilla

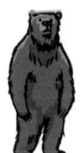

urs
karhu

ngelooba

kameli

sundu ɓurndu mownude

strutsi

mbaroodi

leijona

waandu

apina

ñaaral pural

flamingo

seku

papukaija

urso galaas

jääkarhu

liingu wiyeteendu penguwe

pingviini

lingu reke

hai

ndiwri wiyeteendu pawon

riikinkukko

laadoori

käärme

nooro

krokotiili

deenoowo zoo

eläintarhanhoitaja

togoori ndiyam wiyeteendu
fok e farayse

hylje

cewngu

jaguaari

molu
poni

cewngu
leopardi

ngabu
virtahepo

njabala
kirahvi

ciilal
kotka

mbabba tugal
villisika

liingu
kala

heende
kilpikonna

kullal biyeteengal morse
mursu

renaar
kettu

lella
gaselli

Fuggukoyngel Amerknaaɓe
amerikkalainen jalkapallo

dognugol welo
pyöräily

tenis
tennis

beysbol
koripallo

lumbagol
uinti

boks
nyrkkeily

fuggukoyngel e galaas
jääkiekko

Fuggukoyngel
jalkapallo

badminton
sulkapallo

atelettuuji
yleisurheilu

hanbol
käsipallo

fijirɗe deggol e nees
hiihto

polo
poolo

jalde
nauraa

diwde
hypätä

buucaade
halata

yaade
kävellä

yimde
laulaa

hoyđitaade
unelmoida

juulde
rukoilla

buucaade
suudella

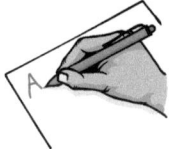

windude

kirjoittaa

siifde

piirtää

hollude

näyttää

duñde

painaa

rokkude

antaa

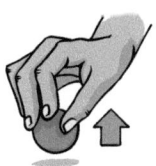

yettude

ottaa

deñde

omistaa

waɗde

tehdä

wonde

olla

ummaade

seisoa

dogde

juosta

fooɗde

vetää

weddaade

heittää

yande

kaatua

fende

maata

sabbaade

odottaa

roondaade

kantaa

jooɗaade

istua

ɓoornaade

pukeutua

ɗaanaade

nukkua

finde

herätä

ẏeewde

katsoa

woyde

itkeä

helde

silittää

yeesaade

kammata

haalde

puhua

faamde

ymmärtää

naamnaade

kysyä

heɗaade

kuunnella

yarde

juoda

ñaamde

syödä

hawrinde

siivota

yiɗde

rakastaa

defde

keittää

dognude

ajaa

diwde

lentää

golle - aktiviteetit

awyŭde

purjehtia

qimaade

laskea

jangude

lukea

jangude

oppia

gollude

työskennellä

resde

mennä naimisiin

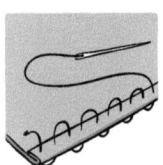

ñootde

ommella

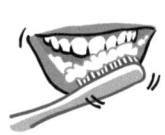

soccaade ÿiiÿe

pestä hampaat

warde

tappaa

simmaade

tupakoida

neldude

lähettää

ɓesngu
perhe

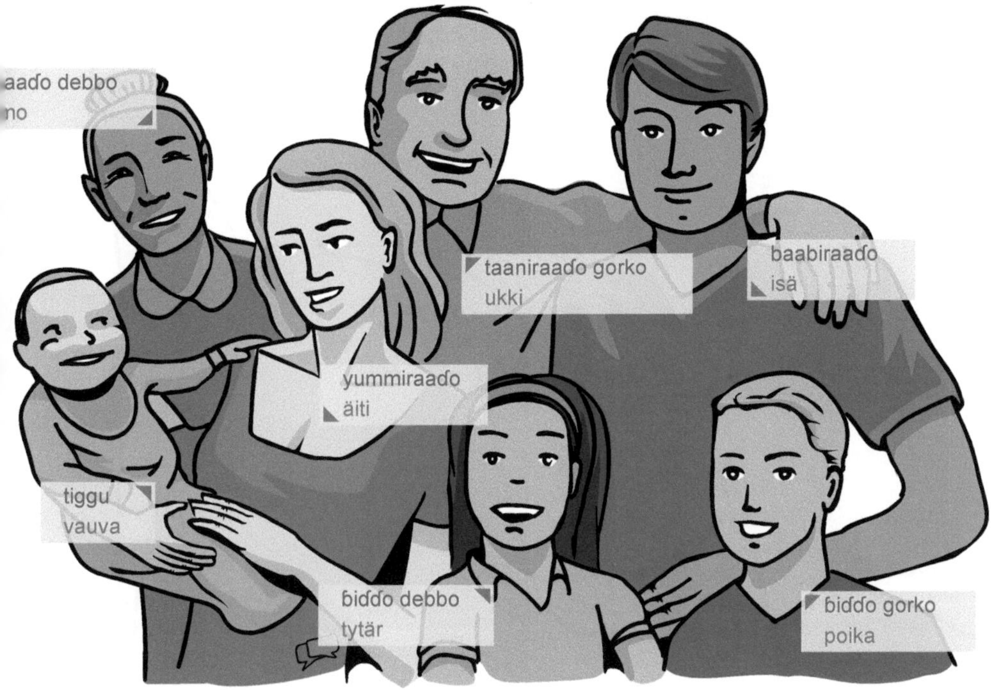
aaɗo debbo
no
taaniraaɗo gorko
ukki
baabiraaɗo
isä
yummiraaɗo
äiti
tiggu
vauva
ɓiɗɗo debbo
tytär
ɓiɗɗo gorko
poika

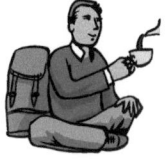

koɗo

vieras

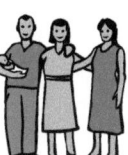

goggiraaɗo

täti

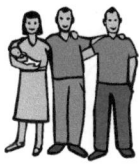

kaawiraaɗo

setä

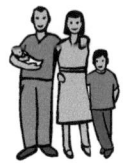

mowniraaɗo gorko

veli

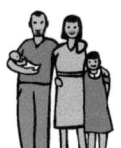

mowniraaɗo debbo

sisko

ɓandu
vartalo

tiinde
otsa
yiitere
silmä
walabo
olkapää
feɗendu
sormet
yeeso
kasvot
waare
leuka
jungo
käsi
koyngal
jalka
endu
rinta
jungo
käsivarsi

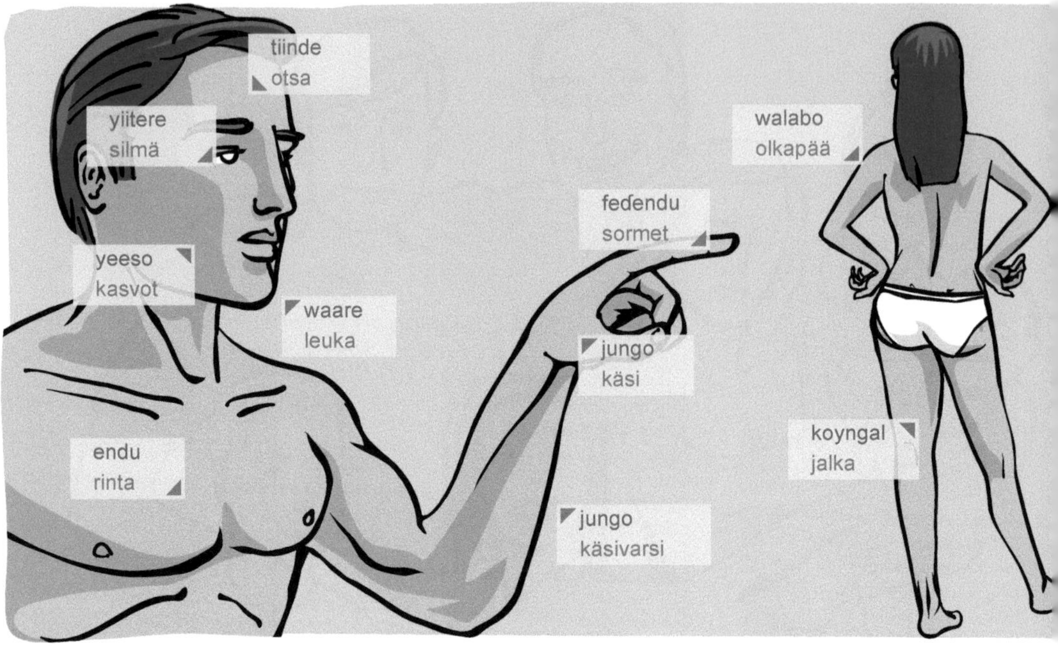

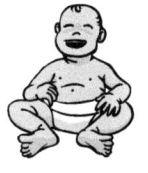

tiggu
vauva

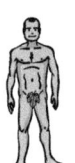

gorko
mies

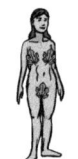

debbo
nainen

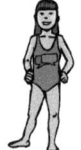

deftere kongoli
tyttö

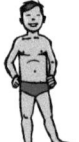

suka gorko
poika

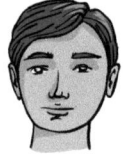

hoore
pää

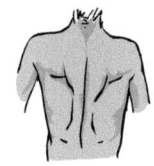

keeci

selkä

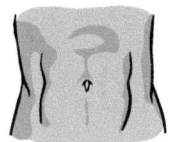

reedu

maha

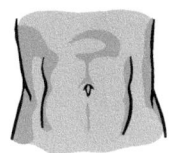

wuddu

napa

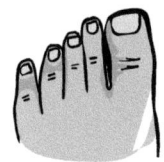

feɗendu koyngal

varvas

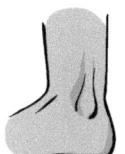

jaɓɓorgal

kantapää

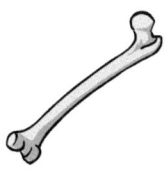

yĩyal

luu

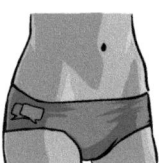

rotere

lantio

hofru

polvi

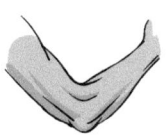

salndu junngu

kyynärpää

hinere

nenä

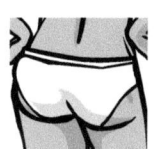

dote

takapuoli

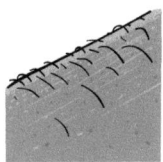

nguru

iho

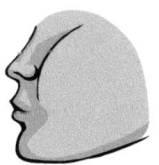

aɓɓulo

poski

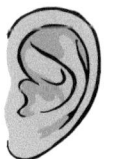

nofru

korva

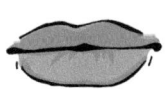

tonndu

huuli

hunuko
suu

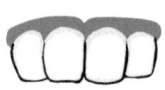

ñiire
hammas

ɗemngal
kieli

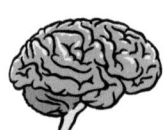

ngaandi
aivot

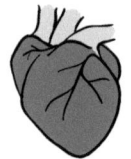

ɓernde
sydän

ƴiyal
lihas

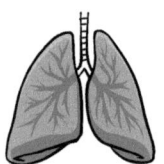

wecco
keuhkot

heeñere
maksa

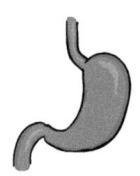

estoma
vatsa

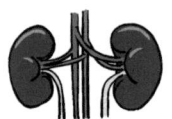

tekteki mawni
munuaiset

terɗe
seksi

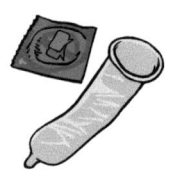

laafa ndeenka
kondomi

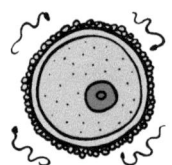

ɓoccoonde maniya
munasolu

maniya
sperma

reedu
raskaus

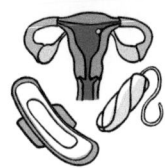

yiiɣam ella

kuukautiset

farja

vagina

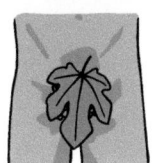

kaake

penis

leeɓi dow yiitere

kulmakarvat

sukunndu

hiukset

daande

niska

suudu safirdu
sairaala

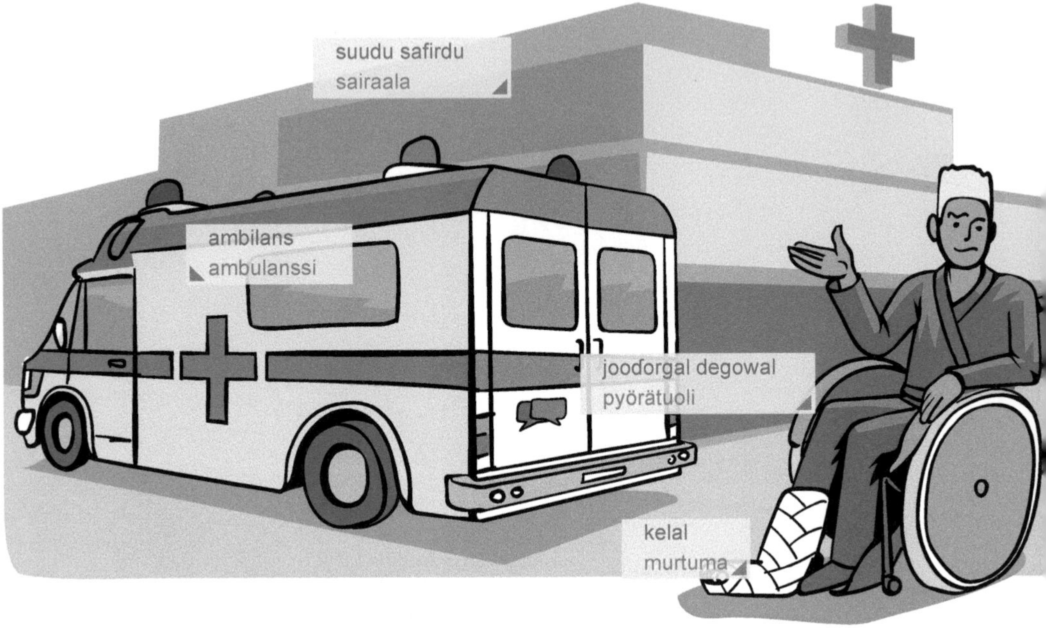

suudu safirdu
sairaala
ambilans
ambulanssi
jooɗorgal degowal
pyörätuoli
kelal
murtuma

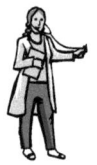

cafroowo

lääkäri

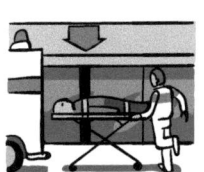

suudo irsaans

ensiapu

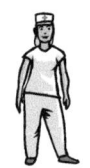

cafroowo

sairaanhoitaja

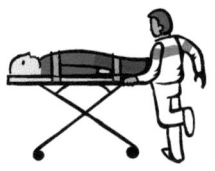

irsaans

hätätilanne

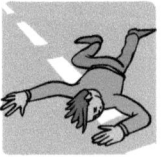

paɗɗiiɗo

tajuton

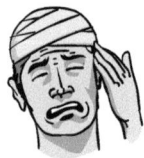

muuseeki

kipu

gaañande

vamma

tuyẙude

verenvuoto

ɓernde dartiinde

sydänkohtaus

darogol ɓernde

aivoinfarkti

alersi

allergia

ɗojjugol

yskä

nguleeki ɓandu

kuume

maɓɓo

flunssa

reedu dogooru

ripuli

muuseeki hoore

päänsärky

kanser

syöpä

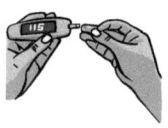

jabet

diabetes

operasiyon

kirurgi

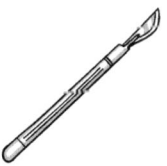

ceekirgel

veitsi

operasiyon

leikkaus

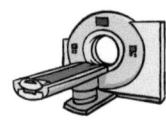

CT

ct

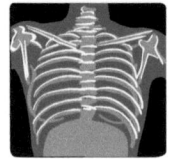

reyon-x

röntgen

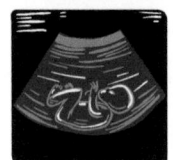

iltarason

ultraääni

mask yeeso

maski

ñaw

sairaus

suudu sabbordu

odotushuone

sawru tuggorgal

sauva

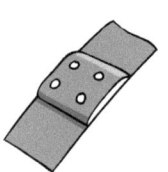

palatar

laastari

bandaas

side

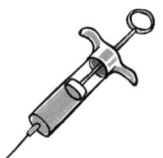

pikkitagol

pistos

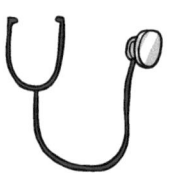

keɗirgel dille ɓandu

stetoskooppi

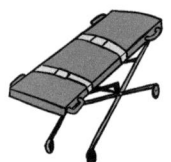

balankaaru

paarit

ɓetirgel nguleeki ɓanndu

kuumemittari

jibinegol

syntymä

ɓandu ɓurtundu

ylipaino

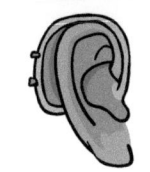

ɓallotirgel nonooje

kuulolaite

desefektan

desinfiointiaine

infeksiyon

infektio

viris

virus

HIV / SIDA

HIV / AIDS

safaara

lääke

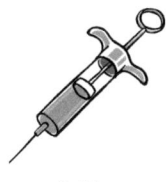

ñakko

rokotus

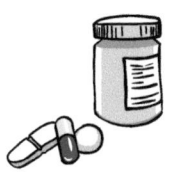

tabletuuji

tabletit

foɗɗere

pilleri

noddaango heñoraango

hätäpuhelu

ɓetirgel dogdu ƴiiƴam

verenpainemittari

sellaani / salli

sairas / terve

Paaboɗe!

Apua!

tintinirgel

hälytys

jangol

ryöstö

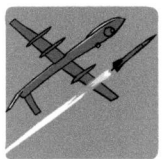

yande e

hyökkäys

musiiba

vaara

damal dandirgal

hätäuloskäynti

Paaboɗe!

Tulipalo!

ñifirgel jeynge

palosammutin

aksida

onnettomuus

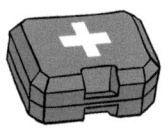

geɗe cafrorɗe gadane

ensiapulaukku

BALLAL

SOS

Polis

poliisilaitos

Erop

Eurooppa

Amerik to Rewo

Pohjois-Amerikka

Amerik to Worgo

Etelä-Amerikka

Afiriki

Afrikka

Asi

Aasia

Ostarali

Australia

Atalantik

Atlantin valtameri

Pasifik

Tyynimeri

Oseyan Enje

Intian valtameri

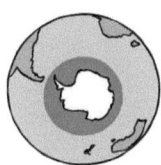

Oseyan Antarktik

Eteläinen jäämeri

Osean Arkatik

Pohjoinen jäämeri

Bange Rewo

pohjoisnapa

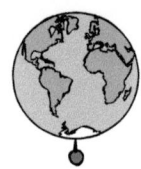

Bange Worgo
etelänapa

Antarktik
Antarktis

Leydi
maa

leydi
maa

maayo mawngo
meri

wuro nder ndiyam
saari

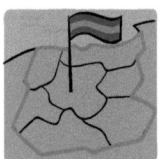

leydi
kansa

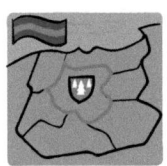

jamaanu
osavaltio

yeeso montoor

kellotaulu

misalel waqtu

tuntiviisari

misalel hojomaaji

minuuttiviisari

misalel majanďe

sekuntiviisari

Hol waqtu jonďo?

Paljonko kello on?

ñalawma

päivä

saha

aika

jooni

nyt

montoor disitaal

digitaalikello

hojom

minuutti

waqtu

tunti

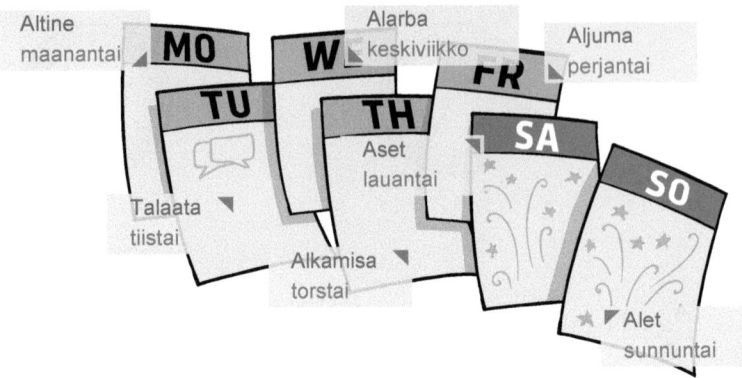

Altine maanantai

Talaata tiistai

Alarba keskiviikko

Alkamisa torstai

Aset lauantai

Aljuma perjantai

Alet sunnuntai

hanki

eilen

hande

tänään

jango

huomenna

subaka

aamu

beetawe

keskipäivä

kikiiɗe

ilta

ñalawmaaji golle

työpäivät

ñalamaaji fooftere

viikonloppu

tobo
▸ sade

timtimol
▸ sateenkaari

hendu
tuuli

nees ◥
lumi

caggal dabbunde
kevät

ndungu
kesä

dabbunde
syksy

dabbunde ◥
talvi

4.APRIL	11°	☀
5.APRIL	4°	⛅
6.APRIL	13°	☂
7.APRIL	8°	☀
8.APRIL	10°	☀

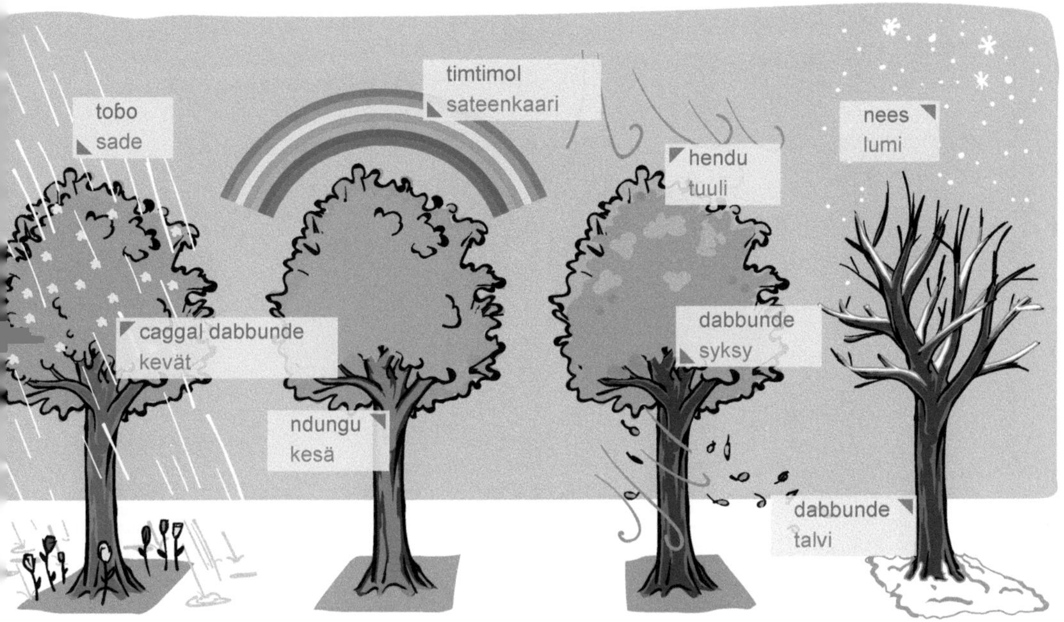

kabrugol gede weeyo

sääennuste

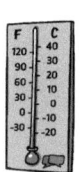

betirgal nguleeki

lämpömittari

nguleeki naange

auringonpaiste

duulal

pilvi

nibbere niwri

sumu

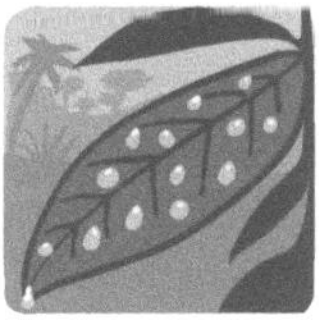

buubol

ilmankosteus

majaango

salama

gidango

ukkonen

hendu yaduungo e gidaali

myrsky

toɓo mawngo

rae

keneeli mawɗi

monsuuni

toɓo yooloongo

tulva

galaas

jää

Janwiye

tammikuu

Feeviriye

helmikuu

Mars

maaliskuu

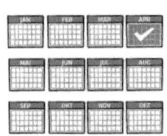

Awril

huhtikuu

Me

toukokuu

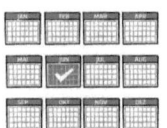

Suwe

kesäkuu

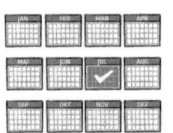

Suliye

heinäkuu

Ut

elokuu

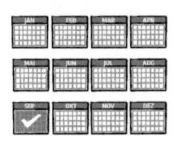

Setanbar
syyskuu

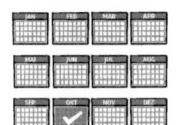

Oktobar
lokakuu

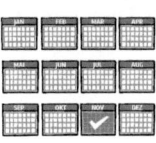

Noowambar
marraskuu

Desambar
joulukuu

Mbaadi
muodot

taariɗum
ympyrä

bangeeji potɗi
neliö

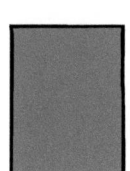

rektangal
suorakulmio

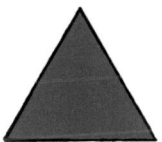

tiriyangal
kolmio

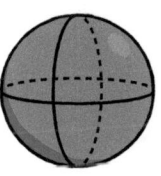

esfeer
pallo

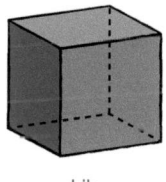

kib
kuutio

deneejo

valkoinen

puro

keltainen

oraas

oranssi

roos

vaaleanpunainen

boďeejo

punainen

yolet

violetti

bulaajo

sininen

werte

vihreä

baka

ruskea

giri

harmaa

baleejo

musta

heewi / famɗi

paljon / vähän

mittinɗo / deeyɗo

vihainen / ystävällinen

yooɗi / soofi

kaunis / ruma

fuɗɗorde / gasirde

alku / loppu

mawni / famɗi

suuri / pieni

leeri / ɗibbiɗi

vaalea / tumma

awniraaɗo gorko / debbo

veli / sisko

laaɓi / tulmi

puhdas / likainen

timmi / manki

täydellinen / epätäydellinen

ñalawma / jamma

päivä / yö

mayi / wuuri

kuollut / elävä

yaaji / ɓitti

leveä / kapea

ñaame / ñaametaake

syötävä / syömäkelvoton

bonɗum / moyƴi

paha / kiltti

weelti / deeyi

innostunut / tylsistynyt

ɓutto / cewɗo

lihava / laiha

gadiiɗo / cakkitiiɗo

ensimmäinen / viimeinen

sehil / gaño

ystävä / vihollinen

heewi / ɓolɗi

täysi / tyhjä

tiiɗi / hoyi

kova / pehmeä

teddi / hoyi

painava / kevyt

heege / ɗomka

nälkä / jano

sellaani / salli

sairas / terve

dagaaki / dagi

laiton / laillinen

ƴoƴi / ƴiƴaani

älykäs / tyhmä

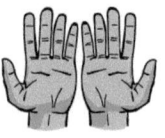

ñaamo / nano

vasen / oikea

ɓadi / woɗɗi

lähellä / kaukana

keso / kiiɗɗo

uusi / käytetty

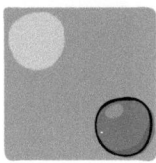

haydara / huunde

ei mitään / jotain

nayeeji / suka

vanha / nuori

ne heen / ala heen

päällä / pois päältä

udditi / uddi

auki / kiinni

deeŷi / dilla

hiljainen / äänekäs

galo / baasɗo

rikas / köyhä

feewi / feewaani

oikein / väärin

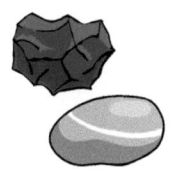

tekki / ɗaati

karhea / sileä

suni / weelti

surullinen / iloinen

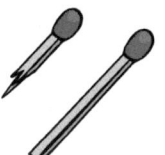

daɓɓo / jutɗo

lyhyt / pitkä

leeli / yaawi

hidas / nopea

leppi / yoori

märkä / kuiva

wuli / ɓuuɓi

lämmin / viileä

hare / jam

sota / rauha

ceertuɗe - vastakohdat

0

meere

nolla

1

goo

yksi

2

điđi

kaksi

3

tati

kolme

4

nay

neljä

5

joy

viisi

6

jeegom

kuusi

7

seeđiđi

seitsemän

8

jeetati

kahdeksan

9

jeenay

yhdeksän

10

sappo

kymmenen

11

sappo e goo

yksitoista

12

sappo e ɗiɗi

kaksitoista

13

sppo e tati

kolmetoista

14

sappo e nay

neljätoista

15

sappo e joy

viisitoista

16

sappo e jeegom

kuusitoista

17

sappo e jeeɗiɗi

seitsemäntoista

18

sappo e jeetati

kahdeksantoista

19

sappo e jeenay

yhdeksäntoista

20

noogas

kaksikymmentä

100

teemedere

sata

1.000

ujunere

tuhat

1.000.000

miliyonŋ

miljoona

Angale

englanti

Angale Amerik

amerikanenglanti

Mandare Siin

mandariinikiina

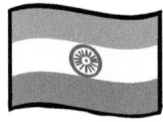

Indo

hindi

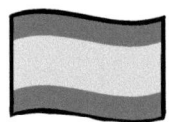

Español

espanja

Farayse

ranska

Arab

arabia

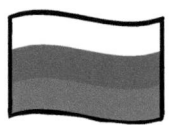

Riis

venäjä

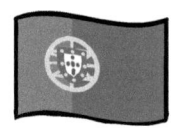

Portige

portugali

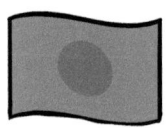

Bengali

bengali

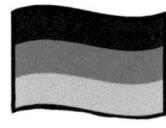

Alma

saksa

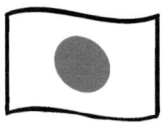

Sappone

japani

miin

minä

ann

sinä

kanŋko / kanŋko / kañum

hän

minen

me

onon

te

kamɓe

he

holi oon?

kuka?

hol ɗum?

mitä / mikä?

hol no?

miten?

hol toon?

missä?

mande?

milloin?

innde

nimi

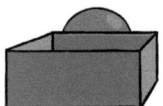

caggal

takana

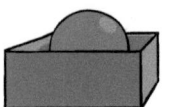

nder

sisällä

yeeso

edessä

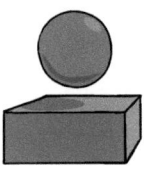

hedde

yläpuolella

dow

päällä

les

alapuolella

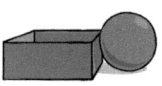

sara

vieressä

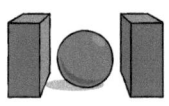

hakkunde

välissä

nokku

paikka